8 FÉVRIER 1871

PROTESTATIONS

PAR

M. BOUDOT-CHALLAYE

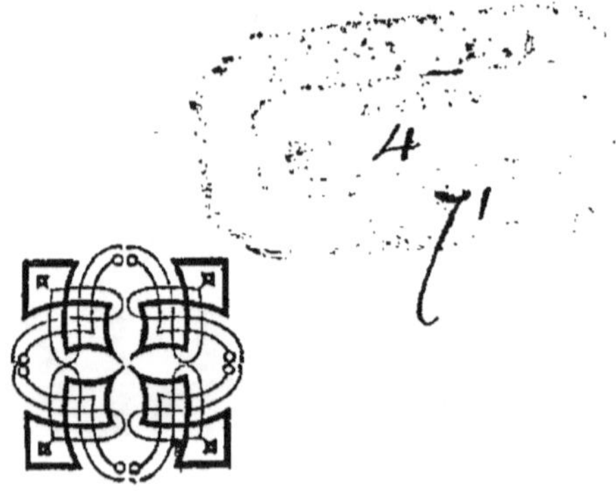

SAINT-ÉTIENNE

IMPRIMERIE J.-M. FREYDIER ET Cie, RUE DE LA BOURSE, 2, AU 1er.

8 FÉVRIER 1871

PROTESTATIONS

Au moment où la France réunie dans ses comices électoraux reprend enfin possession d'elle-même et exerce ses droits autocratiques, où toute puissance politique, eût-elle même été régulièrement et légitimement élue, cesse d'exister et ne peut, en restant à son poste, être considérée que comme gardienne transitoire du pouvoir dont elle est dépositaire, pour en rendre compte à l'heure qui lui sera désignée, je crois devoir présenter de nouveau à l'Assemblée électorale où je suis appelé à voter et à l'Assemblée nationale qui sera nommée par le suffrage universel, contre les faits et les actes qui se sont produits, depuis le 4 Septembre 1870 jusqu'à ce jour, les protestations suivantes :

1° Je proteste contre la surprise du 4 Septembre 1870 ; contre l'usurpation du pouvoir souverain commise par quatre mille émeutiers réunis sur la place de l'Hôtel-de-Ville de Paris; contre la dictature octroyée à dix députés de l'opposition, même la plus avancée; contre la proclamation de la République par ces décemvirs sans consulter la Nation, sans se préoccuper de ses intérêts et de son avenir; contre ces attentats à la liberté publique, aux droits de tous, à la souveraineté nationale, attentats qui ont enlevé à la France tous ses alliés, toutes les sympathies des puissances européennes et ont introduit la division, les haines et les luttes au sein des populations françaises, au moment même où, plus que jamais, l'union de tous devenait si nécessaire pour la défense nationale;

2° Contre l'égoïsme monstrueux de ces décemvirs qui, au lieu de se dévouer uniquement au salut public, de faire abstraction de tout intérêt personnel, de tout esprit de parti, n'ont été préoccupés que d'eux-mêmes et de leurs amis, qui ont fait une razzia furieuse sur toutes les places, sur tous les emplois pour les accaparer et y introduire exclusivement des démocrates et des démagogues, des hommes de cabinet, des hommes de parole, des journalistes de la plus extrême opposition. Au moment où les circonstances les plus critiques qu'ait subies la France depuis huit siècles exigeaient impérieusement le concours de tous les hommes honnêtes, expérimentés et entourés de la notoriété et de l'estime publiques, ces chefs improvisés ont placé partout des fonctionnaires incapables, pour la plupart, de diriger des administrations auxquelles ils étaient restés jusque-là complètement étrangers; présomptueux, passionnés, affichant l'impiété et l'absence de toutes croyances religieuses, hostiles à la partie la plus saine, la plus éclairée, la plus nombreuse de leurs administrés. Ces choix déplorables ont soulevé les défiances, les plaintes, le mécontentement et l'indignation sur tous les points de la France ; ils ont porté le désordre dans la gestion des affaires publiques, qui leur avaient été si imprudemment confiées.

3° Contre l'incroyable orgueil du jeune avocat qui, fanatisé par la lecture légère et irréfléchie de l'histoire ancienne et des histoires révolutionnaires de la France contemporaine, non content du ministère de l'intérieur, se croyant doué du génie organisateur des Soult, des Gouvion-Saint-Cyr, et capable de rivaliser avec le Prussien Moltke, a cru pouvoir, par la vertu magique des souvenirs légendaires, des chants républicains, de proclamations et de harangues sans cesse réitérées, faire sortir de dessous terre des armées vaillantes, compactes et invincibles. Nourri dans l'atmosphère brûlante des cours d'assises, ignorant des hommes et des choses, il ne se doutait nullement des changements opérés par le cours des années par de longues guerres, par l'agrandissement des puissances voisines, par l'invention des chemins de fer et les progrès généraux de la viabilité, par le perfectionnement des armes et surtout de l'artillerie ; il avait toujours la pensée tendue et les yeux fixés sur 1792, il n'apercevait 1870 qu'au travers d'un épais brouillard.

4° Je proteste contre la coupable incurie qui, pendant plusieurs mois, a laissé sans instruction militaire, sans exercices sérieux, même de la marche, les nombreuses phalanges de gardes nationaux mobiles et mobilisés que l'on a vu errants et accablés par l'ennui, soit dans les rues et les places publiques des villes, soit autour des camps, où ils étaient entassés dans des lieux mal disposés et humides, n'ayant pas même la quantité de paille suffisante pour les protéger contre l'humidité et leur procurer le repos ;

5° Contre le vol organisé sur une grande échelle, resté impuni jusqu'à ce jour, qui, malgré des prix suffisamment rémunérateurs, ne donnait à ces jeunes recrues que des souliers dans lesquels étaient intercalées des semelles de carton, des vêtements à travers lesquels il était facile d'entrevoir le jour ; contre la fourniture d'armes inefficaces pour l'attaque, insuffisantes même pour la défense ; le manque total ou partiel des munitions nécessaires ; contre les journées pénibles et successives de marches entreprises et poursuivies sans vivres, sans pain et sans argent pour s'en procurer ;

6° Contre l'envoi, imprudent dans de telles conditions, de ces troupes nouvelles au champ de bataille, sous la conduite d'officiers jeunes, ignorants de l'art militaire, sans concert préalable, sans entente commune, sans direction générale, sans points de ralliement, sans moyens suffisants de résistance et de salut ;

7° Contre les blâmes hautains et violents infligés par ce jeune ministre de la guerre à ces nouveaux soldats non exercés, mal chaussés, mal vêtus, mal armés, affaiblis et exténués par la marche, par la faim et les souffrances, lorsque, accablés par la fatigue et les privations, souvent laissés à l'abandon par leurs chefs, ils reculaient devant des troupes aguerries, bien disciplinées et pourvues de munitions de toute espèce et d'une artillerie nombreuse et meurtrière ;

8° Contre les ordres barbares imposés à toute cité,

même complètement ouverte et sans moyen de défense, à tout bourg, à tout village, à tout hameau, même à tout habitant non armé, de résister, au besoin avec d'antiques fusils, des faux, des faucilles, à l'attaque de l'ennemi, appelant ainsi sur eux, sur leurs familles et sur leurs propriétés, sans aucun avantage pour la patrie, le pillage, l'incendie, les outrages de toute nature, les violences et le meurtre.

9° Je proteste contre les louanges exagérées que se décernent et se font décerner par leurs partisans les dictateurs de Tours et de Bordeaux. Ils ont, nous dit-on, sans cesse réalisé des prodiges ; ils ont improvisé des armées et imprimé une vigoureuse impulsion à la défense nationale. Il est vrai qu'ils ont fait, en peu de temps, des achats nombreux d'armes et d'artillerie. L'industrie privée est devenue une puissante auxiliaire ; au moyen de son concours, ils ont fait rapidement opérer la transformation d'une quantité innombrable d'anciens fusils. Mais, à défaut d'une surveillance active, rigoureuse et inflexible, la plupart de ces transformations n'ont fourni que des armes imparfaites, inutiles entre les mains des soldats. On a dû les leur retirer ; le temps a été consumé, l'argent gaspillé et le sort des combats a été compromis.

Aucun chef de nation, aucun général d'armée n'a eu à sa disposition autant d'hommes que le ministre de la guerre Gambetta. Outre les soldats restés libres en France, il a appelé sous les drapeaux tous les anciens militaires rentrés dans leurs foyers, les gardes nationaux mobiles de 21 à 26 ans ; les mobilisés de 26 à 40, la gendarmerie, les douanes, les ingénieurs, la classe de 1870, les hommes mariés et les veufs avec ou sans enfants de 21 à 26 ans. La classe de 1871 se présente en ce moment devant les conseils de révision : ces divers contingents forment un effectif de plus de deux millions d'hommes. Le jeune dictateur de la guerre a ainsi convoqué toute la portion active de la population française; il a ordonné avec beaucoup de pompe et de bruit la levée en masse ; il a couvert la France de soldats, de détachements isolés, dispersés, livrés à eux-mêmes.

Entre les mains d'un véritable organisateur militaire, ces éléments précieux auraient successivement formé des corps d'armée moins nombreux, mais bien exercés, équipés, armés et disciplinés, pouvant fournir des moyens de résistance et de combat plus fermes et plus solides que ces multitudes hétérogènes rassemblées à la hâte par M. Gambetta ; on aurait eu la qualité ; on n'a reçu que la quantité.

10° Je proteste avec toute la France justement indignée contre les avanies, les outrages si légèrement, si libéralement prodigués par le ministre de la guerre à un grand nombre de généraux et qui n'ont pas même été épargnés récemment à Bourbaki, à ce capitaine illustre par sa vaillance et ses longues campagnes, idole du soldat, héros légendaire, dernier espoir de la patrie si souvent trahie par le sort. Le noble et valeureux guerrier qui avait si souvent affronté la mort sur le champ de bataille n'a pu supporter les affronts et les soupçons injurieux que lui infligeait un généralissime d'aventure ; il a voulu abréger des jours qui lui devenaient trop amers. Espérons que la mort ne voudra pas de lui et qu'il pourra encore reprendre son épée et servir de nouveau la France dans des jours meilleurs. Et cependant, privée de munitions et de vivres, son armée n'a pas pu poursuivre le cours de ses succès, délivrer Belfort et sauver la France. Forcée de battre en retraite, elle a dû chercher un refuge sur une terre hospitalière. Et voilà comment, faute de précautions vulgaires, d'approvisionnements suffisants en munitions de guerre et en vivres, se sont évanouies sans résultats et sans soulagement pour la France, entre les mains d'un rhéteur, d'un disciple et émule des girondins, ces générations jeunes, ardentes, animées au fond du cœur du feu sacré, disposées à combattre vaillamment et à verser leur sang pour chasser le Prussien du sol français. Voilà comment ont été gaspillés et dissipés les trésors qui ont été livrés sans contrôle et sans réserve à ceux qui s'étaient chargés de l'entreprise périlleuse de la défense nationale. Napoléon III avait commencé la ruine de la France : Gambetta l'a consommée.

11° Je proteste contre les atteintes systématiques et réitérées portées au suffrage universel par la dissolution des conseils d'arrondissement et de département, et surtout par celle des conseils municipaux, par la révocation des maires et adjoints. La création arbitraire de commissions dites municipales ; la nomination de maires et adjoints agréables aux nouvelles autorités, presque toujours antipathiques aux populations privées de leurs représentants librement élus par elles, n'a eu d'autre objet que d'ajourner indéfiniment les élections et, au besoin, de les maîtriser dans le cas où les décemvirs seraient cependant obligés de les subir. Ces actes tyranniques constatent combien diffèrent des républicains de l'opposition et de la veille les républicains arrivés le lendemain au pouvoir et à l'autorité suprême. Leur unique principe est leur bien personnel qu'ils déguisent sous le masque de l'intérêt de la République. Aussi les voit-on presque tous abandonner et renier leur idole dès qu'un roi ou un empereur les appelle à son service. Napoléon III n'était entouré, sauf l'élément militaire, que de républicains.

12° Je proteste contre la prohibition proclamée au commencement de l'année, de la révision annuelle des listes électorales, révision formellement ordonnée par la loi. Cette défense arbitraire et despotique tendait à la suppression du droit électoral et au maintien de la dictature. Elle produit en ce moment le déplorable résultat de rendre très-difficile la recomposition à bref délai de ces listes, plus difficile encore, impossible même dans un grand nombre de communes, le contrôle exact et efficace d'opérations dirigées par les favoris de l'administration non élus par les citoyens.

13° Je proteste contre l'obligation du vote au chef-lieu de canton, contraire à la loi existante, à la justice, à l'humanité. Au moment où les habitants des campagnes ont fait d'énormes sacrifices d'hommes et d'argent, où, privés de leurs fils, de leurs serviteurs, dépourvus d'ouvriers, ils peuvent à peine donner à leurs fonds les labours nécessaires, comment n'a-t-on pas reculé devant la mesure inique qui se traduit pour un seul jour en un impôt de dix à douze millions de francs dépensés au bénéfice des cabaretiers, cafetiers, débitants de boissons et aubergistes des gros bourgs et des cités ?

On prive, par cette illégalité, de leur droit électoral les vieillards, les infirmes et les indigents. Mais les démocrates ne sont nullement contrariés de ces abstentions forcées d'un grand nombre d'électeurs ruraux. Ils comptent sur l'influence et la pression des gens de ville pour détourner les cultivateurs des choix qui leur seraient plus sympathiques; c'est ainsi qu'ils pratiquent la liberté et la fraternité.

14° Je proteste contre le scrutin de liste : dans le département de la Loire, il contraint la presque totalité des électeurs de porter sur le bulletin de vote six à huit noms qui leur sont complètement inconnus. Dans ces conditions le suffrage universel n'est qu'un vain mot ; le vote n'est plus le droit de l'électeur, il devient souvent le privilége des entrepreneurs d'élection et des grands centres de population.

15° Je proteste contre la confusion et l'incertitude introduites dans la réglementation du droit électoral par les décrets divergents et contradictoires émanés soit des dictateurs de Paris, soit de la délégation de Bordeaux.

Le 31 janvier ceux-ci établissent des listes de proscription électorale contre leurs adversaires : « Ne pourront être élus les membres des familles qui ont régné en France, — les ministres, conseillers d'État et sénateurs de l'empire, non plus que les députés qui, dans le *Moniteur*, ont été désignés comme candidats officiels. » Ainsi, on n'aurait pas pu nommer l'honorable baron Dupin, le maréchal Mac-Mahon, le savant économiste M. Le Play, homme de bien dont les écrits devront être lus, relus, médités et appliqués par tous ceux qui seront appelés à opérer la régénération sociale de la France, et que tous les bons citoyens verraient avec bonheur placé à la tête du ministère de l'*éducation* publique.

Implacables envers leurs ennemis, les délégués de Bordeaux sont très-indulgents pour leurs protégés et leurs favoris ; pour leur plus grand bénéfice, ils enlèvent les barrières qui leur interdisaient l'entrée de la Chambre des représentants. Non-seulement ils rapportent les lois électorales de l'empire qui excluaient de la députation tous les fonctionnaires publics, mais ils abolissent même en leur faveur les dispositions de la loi républicaine de 1849, qui défendaient de nommer dans les départements compris en tout ou en partie dans leur ressort, les premiers présidents, les présidents et membres des parquets des cours d'appel, les présidents, vice-présidents, les juges d'instruction et membres des parquets des tribunaux de première instance, les préfets, sous-préfets, secrétaires généraux et conseillers de préfecture ; ces lois de faveur, contraires à la morale, édictées par des dictateurs sa. mandat, ne peuvent avoir aucune force obligatoire. La Chambre nouvelle devra annuler ces élections scandaleuses. La France applaudira à ces actes de fermeté et de justice.

Les dictateurs de Paris sont plus magnanimes que M. Gambetta : ils suppriment les proscriptions, même à l'égard de ceux dont les ancêtres ont régné en France ; ils tendent la main à leurs adversaires, mais ils professent pour leurs amis la même indulgence, le même mépris de la loi, un seul point excepté. Ils se sont déchaînés récemment encore contre les candidatures officielles publiées et patronnées par les préfets ; ils n'osent pas proclamer et recommander les candidatures officielles de leurs préfets eux-mêmes, même dans leur département. Ils reculent devant cette énormité qui n'avait point effrayé M. Gambetta ; les préfets républicains ne pourront pas être nommés dans le département qu'ils administrent. Sauf cette unique exception, leurs innombrables créatures nommées aux emplois et fonctions de toute espèce depuis le 4 septembre, pourront devenir députés, et, en cette qualité, approuver et ratifier les actes du gouvernement qui les a transformés en hommes publics, et leurs faits et gestes personnels. Voilà ce que devient le puritanisme libéral et républicain. En 1869, les membres de l'opposition flagellaient le favoritisme césarien et les candidatur officielles ; en 1870 et 1871, ils décuplent, a profit de la démocratie, les abus qu'ils ont flétris sous l'empire. Des places, des places, encore des places, voilà tout le patriotisme des républicains ! Voilà les hommes de 1792, de 1830, de 1848, de 1870 ! Ils proclament la République impérissable : faut-il s'en étonner ? La France n'est-elle pas leur fief, leur majorat ?

16° Je proteste contre la convocation des électeurs au février, à très-bref délai, à un jour non férié qui ne laisse pas aux électeurs le temps de se réunir. de délibérer, de se concerter, de faire imprimer et distribuer à domicile des bulletins de vote, qui leur impose l'obligation de se rendre à un chef-lieu de canton souvent fort éloigné et d'un accès difficile.

Pourquoi n'a-t-on pas fixé les élections au dimanche 12 février ? La réponse est faite : nos maîtres ont résolu d'entraver par tous les moyens possibles la liberté électorale des citoyens.

17° Je proteste contre toute réunion à une époque quelconque de la nouvelle Assemblée à Paris. Je proteste contre les éloges insidieux calculés et intéressés, prodigués avec affectation à la capitale dans les journaux officiels et surtout dans les pompeuses proclamations de Gambetta. S'il faut les croire sur parole, c'est Paris qui a ranimé la province, qui a réchauffé on patriotisme, qui a été l'âme de la défense nationale ; Paris s'est réhabilité de toutes ses erreurs, de toutes ses défaillances ; Paris a été et sera toujours le cœur de la France ! Erreurs ! Erreurs ! Erreurs volontaires et systématiques ! Il serait certainement injuste de nier l'abnégation, le dévouement et les souffrances des Parisiens pendant le siége ; mais il ne faut pas cependant perdre de vue que, outre sa population indigène, la capitale renfermait dans son enceinte au moins deux cent cinquante mille hommes de troupes régulières et de gardes nationaux des départements, mobiles ou mobilisés.

Au commencement du mois de novembre on y comptait quatre cent quatre-vingt-onze mille électeurs, soit habitants, soit forains. Les premiers étaient au nombre de deux cent quarante-un mille. Le nombre des combattants venus de la province était donc supérieur à celui des combattants de l'intérieur. Mais le vote du 3 novembre a révélé que, parmi les électeurs parisiens, quarante-neuf mille étaient partisans de l'émeute, plus disposés à inquiéter les bons citoyens qu'à seconder leurs efforts, à entraver la défense nationale qu'à lui prêter un secours efficace. La population civile de Paris, amie de l'ordre, n'était donc que de cent quatre-vingt-douze mille hommes. Livrée à elle-même, obligée de surveiller une population de près de cinquante mille fauteurs de l'émeute et de l'insurrection, la garde nationale de Paris, malgré son courage et son dévouement, n'aurait jamais pu combattre avec confiance et sécurité les armées assiégeantes. Elle aurait été sans cesse paralysée dans ses mouvements par le foyer d'agitation qui fermentait au sein de la capitale.

Les tentatives des 31 octobre et 22 janvier ont démontré l'intensité du péril ; c'est au général Trochu, au général Ducrot et aux autres chefs militaires, aux gardes nationaux des départements et, parmi eux surtout, aux mobiles bretons que doit être attribué le mérite de la longue défense de Paris contre les Prussiens et contre les démagogues, éternels ennemis de la France.

Le siége de Paris a, de plus en plus, démontré que jamais la représentation nationale ne pourra résider avec sécurité dans l'enceinte de cette immense cité, puisque la présence même et les attaques de l'envahisseur étranger n'ont pas pu prévenir et détourner les coupables tentatives de ces incorrigibles partisans de l'émeute, toujours prêts à s'insurger contre tout gouvernement régulier. Laissons donc de côté les panégyriques intéressés de la capitale par nos dictateurs, par leurs favoris et par leurs journaux. Ils espèrent pouvoir nous replacer bientôt sous son joug; mais la France l'a trop longtemps et trop rudement subi depuis 1789; elle en est heureusement dégagée aujourd'hui ; qu'elle se garde bien de retomber encore sous son étreinte; qu'elle sache se défier avec une constante attention du piége que l'on ne craint pas de lui tendre de nouveau. C'est pour elle une question d'affranchissement définitif ou de servitude prolongée. Déjà, en 1789, des conseillers prudents et dévoués avaient engagé Louis XVI à ne point convoquer les Etats-Généraux à Versailles, ville trop rapprochée de Paris, et à les réunir à Tours ou à Orléans.

Trop avide de popularité, Necker préférait le voisinage de la capitale dont il était l'idole passagère; il détourna le roi de la sage mesure qui lui était proposée. Il sacrifia ainsi à son amour-propre la sécurité du souverain, la tranquillité du royaume ; il déchaîna sur la France l'ouragan révolutionnaire et la livra pour un siècle aux coups de main populaires, aux coups d'Etat des baïonnettes et aux envahissements des étrangers.

18° Je proteste même contre les tentatives d'in-timidation que l'on pourrait organiser à Bordeaux contre l'indépendance de l'Assemblée nationale; comme les tribuns Lamartine, Ledru-Rollin, Louis Blanc et Emile Ollivier, le tribun Gambetta est très-avide d'ovations populaires. Formées d'éléments inconnus, dirigées par des hommes inconnus eux-mêmes ou prompts à se dérober aux poursuites, ces foules tumultueuses présentent des dangers considérables pour la tranquillité publique. Pour maintenir sa sûreté, pour conserver le repos de la France, l'Assemblée nationale devra réunir autour d'elle des forces imposantes, soit de troupes de l'gne, soit de bataillons de gard nationaux choisis avec soin dans d'autres départements. Qu'elle transfère, au besoin, si les circonstances l'exigent, sa résidence dans une cité plus calme et moins exposée aux surprises de l'émeute. Mais, dans tous les cas, qu'à aucun prix elle ne consente à s'enfermer dans Paris. Elle ne doit pas elle ne peut pas compromettre les destinées de la France par une concession que doivent interdire les rudes leçons d'une trop longue expérience et les souvenirs récents du 31 octobre et du 22 janvier; c'est pour elle une question de vie ou de mort.

19° Je proteste énergiquement contre le maintien par l'Assemblée nationale du régime républicain comme forme du gouvernement de la France. Le suicide de Sedan ayant supprimé l'empire, la France, dès le 3 septembre, était rentrée en pleine possession d'elle-même. Depuis ce jour-là elle n'a pas pu délibérer, encore moins statuer sur ses destinées; elle est donc aujourd'hui ce qu'elle était le jour de la chute de l'empire. Qu'importe donc que M. Gambetta et ses neuf collègues se soient fait acclamer dictateurs par une multitude anonyme de quatre mille émeutiers de profession ! Qu'importe qu'à leur tour ils aient proclamé la République ! Où donc est la sentence qui a condamné la France à passer perpétuellement sous les fourches caudines des dictateurs populaires ? Le général d'Aurelles de Paladines, cet homme d'honneur et de loyauté, n'a-t-il pas eu raison d'écrire que le premier acte d'un gouvernement régulier en France devait être de faire passer en jugement les ambitieux et les incapables qui ont perdu la France ? Ah ! du moins ne leur dressons pas des statues ; gardons-nous bien de les couronner de lauriers. Comment donc pourrait-on ratifier l'acte coupable de ces dix représentants de la nation à une assemblée uniquement législative, qui ont eu l'audace de déchirer les mandats de leurs collègues, de substituer leurs volontés individuelles à la volonté nationale et d'imposer pour la troisième fois à la nation française, par la ruse et la violence, le régime républicain ? Ce serait la réhabilitation du 2 Décembre, l'amnistie de l'émeute du 4 Septembre, des manifestations du 31 octobre, du 22 janvier, un encouragement aux Gambetta, aux Jules Favre, aux Rochefort de l'avenir ; aux Flourens, aux Blanqui, aux Pyat, aux Delescluse, etc.

Si l'on veut sérieusement fermer l'ère des révolutions, il faut s'arrêter au 3 septembre, qui a été le tombeau de la dynastie napoléonienne. Tout ce qui a été fait depuis ce jour-là, en dehors des travaux de la défense nationale, est radicalement nul. La France a, non pas accepté, non pas reconnu, mais toléré, à ce titre seul et en vue d'espérances pompeuses qu'ils étaient complétement incapables de réaliser, la domination de ces dix présomptueux orateurs. Ils n'ont pas même accompli l'œuvre dont ils avaient si légèrement assumé l'immense responsabilité. Ils n'ont pas su défendre la nation ; ils la laissent couverte de blessures nouvelles et presque épuisée. Et, pour prix de leurs proclamations et de leurs harangues quotidiennes, ils voudraient que la nation s'empressât de donner le baptême politique et constituant à leur fille chérie, le principal objet de leurs soins et de leurs prédilections, à laquelle ils ont consacré plus de temps qu'à l'organisation sérieuse et solide de nos armées, qu'ils ont si bien munie, si bien fortifiée, pour laquelle ils ont convoqué le ban et l'arrière-ban des républicains et des démagogues, de leurs frères et amis qui, comme des vautours affamés, se sont abattus sur la France, se sont emparés de tous les emplois, de tous les postes, de toutes les fournitures et du maniement de tous les deniers publics. Ils ont mis en pratique la devise du journal l'*Eclaireur : Périsse la France plutôt que de compromettre la République !* Aussi, lorsque, de retour de Ferrières, Jules Favre, désarçonné par l'objection de Bismark « qu'il ne représentait point la France, qu'il n'était que le mandataire de l'émeute et du pavé, » voulut convoquer les colléges électoraux, les émeutiers traditionnels craignirent que leur pouvoir naissant ne fût *compromis ;* ils s'opposèrent violemment à la nomination d'une Assemblée nationale, et le tribun, si fier devant l'empire, se courba devant les démagogues qui lui avaient donné la dictature.

Les élections furent indéfiniment ajournées ; la France ne put se diriger elle-même, choisir ses diplomates, ses généraux et se mettre en rapport direct avec les puissances neutres ; elle fut livrée pieds et poings liés à un tribun dévoré d'orgueil, issu d'une famille étrangère, à Gambetta. La République put vivre, mais la France, livrée à l'ineptie et à la fureur oratoire de l'avocat ministre de la guerre, sans cesse atteinte de nouvelles blessures, fut poussée de plus en plus vers l'abîme. Naguère encore, ce fougueux dictateur tentait d'imposer à la France, par la violence et la terreur, une Assemblée démagogique et le régime républicain. Et l'on oserait aujourd'hui demander à l'Assemblée nationale de ratifier ces actes coupables et antipatriotiques! Cette ratification est impossible, la France ne la veut pas, la France ne l'a pas autorisée; elle aura élu d'abord une Assemblée nationale, elle nommera plus tard une Assemblée constituante. Que nos représentants, instruits par l'expérience de 1848, se gardent bien de se laisser entraîner par les clameurs d'une multitude apostée, surexcitée et peut-être soudoyée; ils se garderont bien d'y répondre par des acclamations que l'on traduirait ensuite faussement en sympathie et en adhésion. C'est par des propositions formelles, des délibérations et des votes raisonnés, et non par des cris bruyants que les peuples libres se prononcent sur leurs grands intérêts et sur leurs destinées.

« Mais, nous disent très-doucement ceux qui veulent retenir la France dans le piége où ils l'ont fait tomber le 4 Septembre, la République est un terrain neutre où toutes les opinions peuvent se rencontrer sans se heurter; c'est la forme de gouvernement qui divise le moins : ainsi l'a déclaré M. Thiers.

C'est ainsi qu'à l'aide de sophismes captieux, de sentences dogmatiques, de faits mal expliqués et mal appliqués, ou sous le patronnage d'hommes illustres, on ne cesse d'accréditer les plus fausses idées. Si M. Thiers a tenu le langage qu'on lui prête, ce n'a été qu'en 1848, après la proclamation inopinée d'une République non viable, sans racines et sans avenir. Sur son terrain, il est vrai, les partisans de la monarchie, légitimistes ou orléanistes, pouvaient essayer leurs forces, combiner leurs plans, dresser leurs batteries, former un traité d'alliance, rétablir l'unité monarchique, ou se préparer à combattre dans une lutte suprême et décisive. Les électeurs envoyaient à la Chambre une majorité de plus en plus royaliste.

En 1870, les vétérans de la République de 1848, Crémieux, Garnier-Pagès, Arago, Jules Favre, aidés par de jeunes et ardentes recrues démocratiques, ont ressaisi par l'émeute le pouvoir que jadis l'émeute leur avait déjà donné et que le sabre leur avait enlevé. Ces ennemis du droit divin, du droit traditionnel, qui déclarent absurdes et illégitimes les prétentions des descendants de Hugues Capet, de saint Louis, de Henri IV, de Louis XIV, déclarent droit sacré et impérissable la seconde usurpation qui a restauré une première usurpation. Voilà leur principe ; forts du second attentat commis par eux contre la nation française, ils excluent tous les autres partis, les déclarent à jamais déchus et flétrissent comme réactionnaires tous ceux qui veulent remonter au-delà de 1792 et 1793. Qu'ils ne reproduisent pas du moins leur programme hypocrite ; qu'ils ne présentent plus leur République comme un lien de rapprochement et de réconciliation. Ils ne sont qu'une infime minorité et ils excommunient, du haut de leurs tribunes, l'immense majorité des Français et les dépouillent de tous leurs droits, sans même vouloir leur laisser la consolation de l'espérance.

Que l'Assemblée pèse bien toutes ces considérations ; accepter la République, c'est proclamer la déchéance de la majorité au profit de la minorité, et déclarer républicains malgré eux neuf millions d'électeurs.

A force de vanter leur enfant chérie, les républicains croient pouvoir effacer la tache de sa naissance, jeter dans l'oubli le passé et détruire les antiques souvenirs. Vaines tentatives ! L'histoire n'a-t-elle pas enregistré les sombres journées de la Terreur, les discordes civiles de 1848, les sanglantes journées de juin, le général Bréa scié par des monstres à figure humaine, le vénérable archevêque de Paris, victime de son dévouement, tombé sous une balle française, demandant en grâce à Dieu qu'après l'effusion de son sang, nul autre sang ne fût versé dans cette guerre fratricide ?

Les années 1870 et 1871 nous ont donné les émeutes du 4 septembre, du 31 octobre, du 22 janvier, les révoltes à Paris, Lyon et autres cités, contre toute convocation d'une Assemblée nationale; l'assassinat du commandant Arnaud non encore puni, les troubles incessants, les arrestations et détentions illégales, les occupations violentes et le pillage des maisons religieuses à Lyon, Saint-Etienne, Marseille, Toulouse, etc. ; la division dans le sein même du gouvernement des décemvirs ; les décrets de Tours blâmés à Paris, ceux de Paris contestés à Tours et à Bordeaux ; les folies belliqueuses et désordonnées de Gambetta, et enfin sa rébellion ouverte contre les ordres de ses collègues de Paris, voilà ce qu'a produit la République: Crémieux, Garnier-Pagès, Rochefort et Cie. Et l'on osera nous dire que la République est le gouvernement qui divise le moins ! Amère dérision ! Pendant cinq mois elle a couvert la France de désordres, d'attentats à la religion, à la propriété publique et privée ; elle a autorisé ou toléré le vol public, le gaspillage des finances ; elle a proscrit l'éducation morale et religieuse et a, de toutes parts, amoncelé des ruines sur le sol français. Voilà l'œuvre des républicains. Est-elle donc si belle, que l'Assemblée nationale croie pouvoir la couronner et lui décerner la plus haute des récompenses ?

Du reste, il ne s'agit pas de condamner à mort la République ; il s'agit seulement de ne pas légitimer l'émeute, de ne pas reconnaître le coup d'Etat du 4 Septembre 1870 ; de ne pas donner des lettres patentes à la fille naturelle de MM. Crémieux, Garnier-Pagès et leurs autres collaborateurs ; de ne pas lui assigner un rang privilégié au détriment de la fille aînée de France, la monarchie de Hugues Capet, de la jeune sœur née en juillet 1830.

A ceux qui osent prétendre que la France est républicaine, nous opposerons les résultats du plébiscite de 1870, qui a présenté 7,000,000 de *oui*, 1,300,000 *non* environ. Parmi ces opposants figuraient tous les républicains ; mais ces opposants n'étaient pas tous partisans de la République. Un grand nombre d'électeurs dévoués à la monarchie, entrevoyant les projets de Napoléon III, convaincus qu'un vote affirmatif n'assurerait pas la tranquillité publique à l'intérieur ni la paix à l'extérieur, déposèrent dans les urnes des bulletins négatifs. Les votes de cette nature furent nombreux ; l'on peut conjecturer que les suffrages des républicains ne dépassèrent pas six à sept cent mille, et ne s'élevèrent même peut-être pas à ce chiffre. C'est donc cette faible minorité de 1870, qui, en 1871, grâce à la surprise, à l'audace de dix ambitieux, veut s'imposer à la France qui ne l'a pas demandée, qui ne l'a pas appelée, qui l'a subie par dévouement, en face de l'étranger, au moment où la division dans les esprits pouvait la perdre sans retour. Qu'on repousse donc la République, même à titre provisoire, car on sait ce que dure le provisoire en France. Qu'on ne lui accorde pas cette imprudente hospitalité ; comme la lice de la fable, on lui donnera un pied au logis, bientôt elle y en aura quatre et montrera les dents à ceux qui voudraient l'en déloger. Une Assemblée nationale, un Gouvernement national, voilà ce qu'il nous faut, voilà ce qui uous suffit pour le moment. C'est la véritable forme actuelle de la France. Elle renferme tout, légitimisme, orléanisme, république ; elle contient tous les partis, elle ne pourrait être contenue dans aucun d'eux. Voilà la loi commune, la loi de l'égalité ! Que tous la subissent ! Que tous s'abritent sous le large drapeau de la Patrie ! Que nul ne tente de lui donner des lois et de l'asservir à son joug !

Une considération puissante et décisive vient jeter son dernier poids dans la balance. L'intérêt national, la défense du sol, la cessation des hostilités par une paix honorable exigent impérieusement la non-reconnaissance de la République, si malencontreusement inaugurée au moment des périls suprêmes par l'égoïsme matérialiste de dix ambitieux, uniquement préoccupés de la glorification de leurs personnalités.

Cette inauguration si intempestive, en activant et grossissant le fantôme de la défense nationale, a paralysé le dévouement et les efforts sérieux de tous les citoyens ; elle a décomposé, avant qu'elles fussent organisées, les armées françaises,

Elle a donné à la Prusse un prétexte spécieux pour continuer la guerre à outrance, puisque la France n'était pas valablement représentée par les produits de l'émeute et des pavés des rues.

Elle a brusquement arrêté les sympathies des puissances étrangères, auxquelles on jetait en défi ce symbole de la guerre à tous les trônes, de la domination sur tous les peuples, au moment où la France, placée dans l'isolement par l'empire, avait un besoin si imminent d'alliés sympathiques, où les fondateurs mêmes de la République s'empressaient d'envoyer un ambassadeur, M. Thiers, aux rois et aux empereurs pour les conjurer d'intervenir en faveur de la France, ne paraissant pas comprendre qu'ils avaient à l'avance rendu impossible le succès de cette mission diplomatique par leur révolution du 4 Septembre, par la fondation de leur République. Ils élevaient de nouvelles barrières entre eux et ces alliés si nécessaires, si vivement sollicités, en appelant sur le sol français le drapeau de toutes les révolutions, Garibaldi, qui déclarait qu'il était venu en France, non pour combattre les Prussiens, mais pour fonder la République *universelle*. Et ces égoïstes démocrates, qui avaient lâchement et traîtreusement sacrifié la patrie en péril à leurs convoitises personnelles, dénonçaient à l'univers l'égoïsme des souverains qui refusaient de prêter leur concours aux triomphateurs de la rue, aux apôtres de la révolution démocratique.

L'Assemblée nationale ne s'engagera pas dans ces voies funestes. En réservant tous les droits de la nation, elle rassurera les souverains et les peuples; elle sèmera partout des germes féconds d'alliances symphatiques entre la France et les nations européennes ; elle nous préparera un calme réparateur et la sécurité à l'extérieur comme à l'intérieur.

20° Je proteste contre le décret récent par lequel a été violemment brisé le principe de l'inamovibilité de la magistrature française. Quel vertige s'est donc emparé, en ce moment de crise suprême, de l'esprit de nos dictateurs? Et il s'est trouvé un ministre de la justice qui n'a pas craint de signer un pareil décret! N'avons-nous pas le droit de lui demander qui il est pour soulever, en dépit de nos lois et de nos institutions, une des principales bases de la société? M. Crémieux, né juif, n'était pas citoyen français. Un décret imprudent, émané d'une fantaisie impériale de Napoléon Ier, a donné à la population juive droit de cité dans la grande nation française. Comment M. Crémieux a-il-reconnu cette faveur inespérée? Deux fois, en 1848 et en 1870, il a contribué à rouvrir la porte à la révolution; deux fois il s'est permis de prendre les sceaux de la justice et de s'en attribuer le département; voilà comment ce fils adoptif a traité la France, cette mère trop indulgente pour lui et peut-être pour les siens. Et au moment où le sol se dérobe sous ses pieds, où va lui échapper ce pouvoir usurpé pour la seconde fois, il se retourne furieux pour lui porter un coup violent et lui ouvrir une profonde blessure! Mais les magistrats frappés par cette violence insensée ont déjà fait appel à la nation ; elle les vengera des outrages de ce fils d'Israël. Peut-être même lui demandera-t-elle à son tour un compte sévère de son usurpation et des abus qu'il a faits de ce pouvoir illégitime.

21° Je proteste contre la paix à tout prix, si les conditions sont trop dures, trop humiliantes, si la

France est traitée sans ménagement par un ennemi trop enorgueilli de ses victoires, un gouvernement vraiment national saura organiser instantanément une résistance désespérée. Confiante dans des chefs capables, expérimentés et dévoués, la nation sacrifiera sans hésiter jusqu'à son dernier homme, jusqu'à son dernier écu, jusqu'à ce que l'indignation de l'Europe ou la main vengeresse de Dieu lassé de tant d'iniquités vienne mettre un terme à cette guerre implacable renouvelée des siècles les plus reculés de l'antique barbarie.

22° Je proteste également contre la guerre à outrance prêchée avec fureur par l'avocat Gambetta qui ne croit pas avoir fait encore répandre assez abondamment des flots de sang humain. Que lui importent les habitations, les fermes, les bourgs, les cités incendiés et détruits, les richesses acquises au prix des sueurs de plusieurs générations saccagées, enlevées, dispersées, la ruine de tant de familles, les hécatombes de victimes humaines jonchant sur tous les points le sol français, ces hordes errantes et désolées, de mutilés, de veuves, d'orphelins !!! Sa gloire ne s'accroît-elle pas en proportion des maux et des désastres qui s'accumulent sur toute la France ?

23° Je proteste contre la note d'infamie que l'avocat Gambetta veut infliger à l'avance à tous ceux qui signeront le traité, trop désastreux certainement, qui pourra être conclu avec la Prusse. Devant ces imprécations furibondes, tous devront refuser leur adhésion à ce traité, légitimistes, bourgeois, ouvriers des villes, ouvriers des campagnes. M. Gambetta veut rééditer au profit de la démocratie la tradition impériale qu'il attaque sans cesse et qu'il suit toujours fidèlement, lorsque les Bonapartes, après avoir conquis la France par l'épée, l'avoir rendue esclave et complice de leur ambition et de leurs crimes, tombent enfin frappés par la main de Dieu, ils se retirent comme des étrangers, laissant à d'autres le soin de réparer par d'immenses sacrifices et de cruelles souffrances les maux incalculables qu'ils ont déchaînés sur la nation qu'ils appelaient si pompeusement la grande nation. Les *libérâtres* qui se qualifiaient libéraux, joints aux bonapartistes ont été assez injustes, assez perfides pour imputer pendant plus de trente ans l'humiliation des traités de 1815, non pas aux fureurs guerrières de Napoléon Ier, mais aux Bourbons, qui cependant avaient apaisé l'Europe justement irritée et avaient, non sans peine, obtenu l'intégrité du territoire français. Le rhéteur Gambetta veut marcher sur les traces des fils de la Corse, et il ose encore, ô délire de l'orgueil humain! vouer à l'indignation de la postérité quiconque se permettrait d'apposer sa signature au fatal traité. Eh bien! qu'il sache que la France ne sera pas dupe une seconde fois de cette duplicité italienne! Qu'il sache que ce traité portera à jamais, justement accouplés l'un à l'autre, les noms sinistres de Bonaparte-Gambetta! Qu'ils s'entendent ensuite entre eux pour discuter et décider, ainsi qu'il leur conviendra, auquel, du petit-fils du Corse ou du petit-fils du Génois, doit revenir la part la plus considérable dans la responsabilité de cet acte qui restera toujours pour la France le *traité maudit.*

24° Je proteste contre l'invasion fatale des étrangers, mais surtout des Italiens dans le gouvernement et l'administration de la France. Catherine de Médicis, après avoir longtemps balancé sur la préférence qu'elle devait accorder aux catholiques et aux protestants, se décida enfin en faveur des premiers et organisa elle-même la Saint-Barthélemy, non par fanatisme religieux, mais dans un système de domination politique. Marie de Médicis prodigua à Concini, à la Galigaï et à d'autres favoris étrangers les richesses du trésor que Henri IV avait formé, non pour unifier l'Allemagne, mais au contraire pour fortifier la Confédération germanique et réunir en faisceaux les petits princes qui auraient été protégés par la France contre la domination et l'excessive prépondérance de la maison d'Autriche. Riquetti Mirabeau a su couvrir d'un prestige de grandeur ses vices, la lâcheté de son âme, la vénalité de son éloquence ; il a créé le règne de la parole, et depuis quatre-vingts ans la parole corrompt la France, la dissout et la conduit aux abîmes. Napoléon Ier, mélange effroyable de duplicité, d'égoïsme et de violence, a deux fois déchaîné contre la France tous les peuples de l'Europe, provoqué l'invasion étrangère et l'occupation de la capitale. Nous ne pouvons pas encore dresser le bilan exact des désastres accumulés sur notre malheureuse patrie par le sombre et hypocrite héros de Strasbourg et de Boulogne. Parmi nos décemvirs l'un n'est pas né Français, l'autre doit le jour à un Génois. Les libéraux, les hommes de progrès, dévorés de l'amour de l'humanité, qui les dispense d'aimer leur prochain, leur famille, leurs concitoyens, leur patrie, ont favorisé de toutes leurs forces cet engouement. Sous leurs auspices, les postes les plus avantageux, littéraires, scientifiques, pécuniaires, politiques, étaient donnés de préférence aux étrangers ; un demi-million de Prussiens recevaient une hospitalité bienveillante et lucrative. Nous recueillons aujourd'hui les fruits de nos actes humanitaires.

Boudot-Challaye.

Saint-Etienne, imp. Freydier et Cᵃ, rue de la Bourse, 2.